Name

Adresse

Mobil

Mail

MO

DI

MI

DO

FR

SA

SO

MO

DI

MI

DO

FR

SA

SO

MO

___

DI

___

MI

___

DO

FR

SA

SO

MO

DI

MI

DO

FR

SA

SO

MO

DI

MI

DO

FR

SA

SO

MO

DI

MI

DO

FR

SA

SO

MO

DI

MI

DO

FR

SA

SO

MO

DI

MI

DO

FR

SA

SO

MO

DI

MI

DO

FR

SA

SO

MO

DI

MI

DO

FR

SA

SO

MO

DI

MI

DO

FR

___

SA

___

SO

___

MO

DI

MI

DO

FR

SA

SO

MO

DI

MI

DO

FR

SA

SO

MO

DI

MI

DO

FR

SA

SO

MO

DI

MI

DO

FR

SA

SO

MO

DI

MI

DO

FR

SA

SO

MO

DI

MI

DO

FR

SA

SO

MO

DI

MI

DO

FR

SA

SO

MO

DI

MI

DO

FR

SA

SO

MO

DI

MI

DO

FR

___

SA

___

SO

___

MO

DI

MI

DO

FR

SA

SO

MO

DI

MI

DO

FR

SA

SO

MO

DI

MI

DO

FR

SA

SO

MO

DI

MI

DO

FR

SA

SO

MO

DI

MI

DO

FR

SA

SO

MO

DI

MI

DO

FR

SA

SO

MO

DI

MI

DO

FR

SA

SO

MO

DI

MI

DO

FR

SA

SO

MO

DI

MI

DO

FR

SA

SO

MO

DI

MI

DO

FR

SA

SO

MO

DI

MI

DO

FR

SA

SO

MO

DI

MI

DO

FR

SA

SO

MO

DI

MI

DO

FR

SA

SO

MO

DI

MI

DO

FR

SA

SO

MO

DI

MI

DO

FR

SA

SO

MO

DI

MI

DO

FR

SA

SO

MO

DI

MI

DO

FR

SA

SO

MO

DI

MI

DO

FR

SA

SO

MO

DI

MI

DO

FR

SA

SO

MO

DI

MI

DO

FR

SA

SO

MO

DI

MI

DO

FR

SA

SO

MO

DI

MI

DO

FR

SA

SO

MO

DI

MI

DO

FR

SA

SO

MO

DI

MI

DO

FR

SA

SO

MO

DI

MI

DO

FR

SA

SO

MO

DI

MI

DO

FR

SA

SO

MO

DI

MI

DO

FR

SA

SO

MO

DI

MI

DO

FR

SA

SO

MO

DI

MI

DO

FR

SA

SO

MO

DI

MI

DO

FR

SA

SO

MO

DI

MI

DO

FR

SA

SO

MO

DI

MI

DO

FR

SA

SO

www.ingramcontent.com/pod-product-compliance
Lightning Source LLC
Chambersburg PA
CBHW061541050726
47593CB00002B/863